NOUVELLE

ORGANISATION DU TRAVAIL

OU

ENTRETIEN

D'UN OUVRIER AVEC SON PATRON

.sur un mieux possible.

PAR

LE CITOYEN P. ROBERT,

Professeur de Mathématiques.

—

Prix : 25 centimes.

—

PREMIÈRE ÉDITION,

VENDUE AU PROFIT DES CAISSES DE BIENFAISANCE.

LYON.

CHEZ BERTHELON, LIBRAIRE-ÉDITEUR,

Galerie de l'Hôtel-Dieu, 25.

ET CHEZ DUMOULIN ET RONET, IMPR.-LIBRAIRES,

Rue Saint-Côme, 6, au 1er étage.

—

1848.

NOUVELLE

ORGANISATION DU TRAVAIL,

DÉDIÉE AUX VRAIS CITOYENS.

Cet ouvrage étant la propriété de l'éditeur, tout exemplaire non revêtu de ma signature sera réputé contrefait et poursuivi conformément aux lois.

Lyon, ce 20 mai 1848.

L'ÉDITEUR,

LYON. — Imp. DUMOULIN et RONET, rue St-Côme, 6.

NOUVELLE

ORGANISATION DU TRAVAIL,

DÉDIÉE AUX VRAIS CITOYENS,

ou

ENTRETIEN

D'UN OUVRIER AVEC SON PATRON

sur un mieux possible.

Le patron DUMOND.

Eh bien, mon cher Laurent, que dis-tu, que penses-tu de ce qui se passe?

L'ouvrier LAURENT.

Ma foi, patron, je ne sais trop qu'en dire ; seulement, je crois qu'il y a bien de la besogne aujourd'hui pour arriver à un *mieux* de part et d'autre.

DUMOND.

Explique-toi plus clairement, ou du moins développe mieux ta pensée?

LAURENT.

Ce sera un peu long ; cependant je vais essayer de vous émettre franchement ce que je pense sur les questions qui s'agitent en ce moment.

De toutes parts je vois des corporations de différents métiers assiéger les représentants de la nation, pour qu'on leur accorde une augmentation de salaire et une diminution de temps sur le travail. J'admets cette dernière demande, elle est juste ; car il ne faut pas que l'ouvrier, homme intelligent, homme de cœur, soit tenu comme une bête de somme, à laquelle on demande souvent plus de travail qu'elle n'en peut faire. *L'homme est égal à l'homme dans la nature, et la différence d'un échelon social ne constitue pas le droit de l'un sur l'autre.* Ceci admis, un patron serait un tyran, s'il osait spéculer sur la misère ou le manque de travail d'un ouvrier. Il faut donc qu'il ait du temps à donner à sa famille ; qu'il jouisse au moins du bonheur d'être tout à elle quelques instants. Hélas! M. Dumont, c'est ce qui n'a pas été jusqu'à aujourd'hui. Souvent, s'il s'est trouvé au milieu d'elle, c'était pour lui demander, à lui, un morceau de pain, que souvent aussi il ne pouvait procurer. Savez-vous!.... Non, vous ne savez pas ce qu'on souffre dans la misère! Vous n'avez peut-être jamais pesé la valeur de ces mots terribles : *j'ai faim!!*... Savez-vous ce que c'est qu'un grabat? Avez-vous jamais pénétré dans un réduit obscur, sale, infect, privé d'air; dans un de ces lieux où l'honnête ouvrier maudit son impuissance ? Avez-vous jamais entendu tinter la lente agonie d'un père ne pouvant secourir ses enfants? Non!.... Tenez, je vous attriste, je vais passer à un autre sujet; cela brise le cœur quand on y pense.

Pardon, M. Dumont, je suis un peu sorti de mon sujet ; mais, voyez-vous, quand ces sortes de choses vous passent par la tête, malgré soi on est forcé de donner un plein cours à sa douleur.

J'aborde maintenant la question d'une augmentation de salaire.

DUMOND.

Ecoute, veux-tu me laisser dire ce que j'en pense ; puis après, tu me feras tes observations, si tu n'es pas de mon avis.

LAURENT.

Parlez, je vous écoute.

DUMONT.

Eh bien! je vais essayer de te rendre mes idées le plus clair possible.

En augmentant le salaire de chaque corporation, qu'en résultera-t-il ?

Il en résultera qu'on paiera les habits plus cher, les coiffures plus cher, les chaussures plus cher, etc., etc. Qui en souffrira le premier? Ce n'est pas le riche, qui ne regardera pas à deux ou trois cents francs de plus, par an, pour sa toilette. Peu lui importe. Mais, me diras-tu, nos journées sont augmentées! Oui, elles le sont; et c'est précisément par cette raison que vous vous faites du tort à vous-mêmes.

LAURENT.

Je ne saisis pas très-bien cette raison, je vous l'avoue.

DUMOND.

Tu ne comprends donc pas que si on augmente vos salaires, et qu'en même temps on augmente toutes les corporations qui fabriquent les objets dont vous-mêmes avez besoin, que c'est absolument comme si on ne changeait rien. Ceci est une des faibles causes qui doivent te faire voir qu'une augmentation de prix vous serait plus nuisible qu'avantageuse.

Voici une seconde raison, bien autrement majeure : c'est que, les salaires augmentés, je serai, moi, obligé de vendre plus cher, si je ne veux pas être en perte ; vendant plus cher, les acheteurs seront plus rares; mes marchandises ne s'écouleront pas. C'est une conséquence toute logique et que tu comprends parfaitement. Par suite de ce manque d'écoulement, mes magasins se rempliront indéfiniment. Si je veux arrêter cette progression toujours croissante, que dois-je faire ? Je suis obligé, malgré moi, de vous remercier en vous disant ces mots cruels : *Il n'y a plus d'ouvrage !*

Voici pour l'intérieur, dont la consommation n'est qu'une fraction de ce qui se fabrique.

L'exportation, qui complète l'unité de consommation, est la plus importante de notre commerce, et elle se trouve compromise de la même manière. En effet, comment veux-tu que l'étranger continue ses achats, lorsque chaque espèce de marchandise sera augmentée d'un tiers ? Il se contentera d'étoffes inférieures qu'il fabrique, ne pouvant se résoudre à payer 15 francs ce qu'il payait 10 francs dernièrement.

Au lieu de compléter l'écoulement de nos produits, comme nous le faisions, toutes nos marchandises reflueront. Partant de là, point d'exportation ; certitude d'un chômage funeste pour toutes les industries, qui coupera le travail à des millions de bras. Ne crois pas cependant que je te dise ceci dans un motif d'intérêt purement personnel. Non, nul plus que moi ne veut le bonheur du pauvre ouvrier ; je voudrais que son existence fût assurée tous les jours de sa vie. Pour atteindre ce but, bien des réformes sont, non pas indispensables, mais nécessaires. Je n'intervertirai pas l'ordre de mes observations : il m'en reste encore une à te faire sur le renvoi des étrangers, dont l'expulsion, si elle a lieu, pourrait fort bien confirmer les craintes que me causerait cette mesure.

Parmi les ouvriers étrangers qui sont à Lyon, comme dans toute la France, beaucoup sont très-capables dans leur profession, leur art respectif, tu n'en doute pas. Eh bien !

quel sera le mauvais côté de cette mesure? C'est que dans leurs pays ils pourront trouver des capitalistes qui, par l'appât du gain, construiront usines, ateliers, fabriques de tous genres. Leurs gouvernements, pour favoriser la vente de leurs produits, frapperont les nôtres d'un droit d'entrée exorbitant. Tu vois de suite où ça conduira.

LAURENT.

Oui, malheureusement, je vois que c'est toujours le pauvre ouvrier qui en souffrira le premier, puis le négociant et tout le commerce en général.

DUMONT.

Il y a six mois, une pareille mesure ne m'eût inspiré aucune crainte ; mais aujourd'hui les temps sont changés. L'esprit libéral qui gagne toute l'Europe est un poids de plus dans la balance de mes craintes.

Regarde d'un côté l'Allemagne en révolution, d'un autre l'Italie, trop longtemps asservie. De la Sicile à Berlin, des rives du Rhin au fond de la Hongrie, chaque peuple veut être libre et brise et sceptres et couronnes. Toutes ces nations ont ressenti le choc de février, et toutes veulent se chauffer au soleil si pur de la liberté. La France leur sert de gouvernail; elles ont les yeux sur notre belle patrie ! De quelle douleur ne seraient-elles pas navrées en apprenant qu'on renvoie leurs enfants! Elles diraient d'un commun accord que la France a mis une exception aux mots si beaux de *Liberté, Egalité, Fraternité!* Par un sentiment de noble vengeance, peut-être qu'elles nous répondraient : « Eh bien! Français, nous serons plus généreux que vous, nous garderons les vôtres ! » Il faut donc autant que possible éviter un pareil affront, ou bien que ce renvoi ne soit que temporaire.

Je me résume sur ce point, et je proteste sur mon honneur que je ne vois aucun avantage pour l'ouvrier, si on en vient là.

LAURENT.

Comme cela, il n'y a donc pas de mieux possible dans la condition du malheureux ouvrier? Il faut donc qu'il meure de faim, ou que son salaire soit insuffisant? Oh ! c'est une perspective effrayante pour nous tous, qui ne demandons qu'à user notre corps par les nobles fatigues du travail, et à manger honnêtement un morceau de pain pétri de nos sueurs ! Que faut-il donc faire? quelle route faut-il prendre pour sortir de là ?

DUMONT.

Ecoute, je vais te communiquer toutes les réflexions que j'ai faites dans le courant de ma vie.

Pour la France, notre belle patrie, IL N'EST GUÈRE DE CHANCE DE SALUT HORS L'AGRICULTURE ; JE DIRAI MÊME POINT. Bien d'autres l'ont pensé avant moi ; je ne m'attribue point des idées que d'autres ont eues avant moi : je laisse à chacun son mérite. Seulement je veux essayer de te faire comprendre combien est grande cette vérité.

Admets pour un instant que le commerce soit favorisé partout, qu'on fabrique énormément, qu'on vende de même ; que l'ouvrier soit on ne peut plus heureux ; qu'en un mot tout aille pour le mieux ; eh bien ! ce sera une rose qui cachera de cruelles épines. En voici la raison : Admets-tu qu'en donnant une impulsion sans bornes au commerce on arrive bientôt à une époque où l'on ne pourra plus consommer ce qui se fabriquera? Pour moi, cette époque je la vois poindre. Voilà la raison générale. Celles qui l'amèneront sont au nombre de plusieurs. Je ne t'en citerai qu'une très-évidente et qui sera en raison directe de l'élan qu'on donnera au commerce : c'est que tout homme, de toute classe, et principalement le cultivateur, désertera sa charrue pour s'y livrer, poussé qu'il sera par l'espoir, souvent trompeur, de faire une prompte et brillante fortune. Le champ déserté ne produira plus, ou très-peu, tenu qu'il sera par des mains malhabiles. Le cultivateur lui-même se sera ruiné en s'engageant dans une route qu'il ne connaissait pas, et maudira le jour où il abandonna son champ. De ce que des milliers d'autres l'auront imité, il résultera que l'agriculture sera souffrante, que les grains deviendront rares, que le pain s'élèvera à un prix énorme comme l'année dernière. Celui qui en souffrira le premier, c'est l'ouvrier. Ce ne sera pas seulement une crise momentanée, mais une crise dont la progression deviendra toujours de plus en plus effrayante !

L'histoire est remplie d'exemples qui prouvent que le commerce seul n'a pas constitué la véritable richesse ; au contraire, il a été l'instrument de la ruine. Si tu l'avais lue, tu aurais vu que Tyr, Sidon, Carthage et tant d'autres cités immenses, les reines du commerce d'alors, n'ont dû leurs malheurs qu'à la jalousie qu'elles ont inspirée à leurs rivales. Si, pour me servir à peu près de ces vers du bon Lafontaine, dans sa fable du *Paysan du Danube ;* si, dis-je, *elles avaient cultivé en paix d'heureux champs, et que leurs mains eussent été plus propres au labourage,* toutes ces villes, jadis si florissantes, seraient peut-être encore debout. Je sais qu'aujourd'hui pareille chose est impossible par la guerre des armes, mais elle est aussi redoutable par la concurrence générale des peuples.

Qu'est donc l'histoire, si elle n'est l'enseignement du passé ? A quoi sert-elle, si elle ne sert à rendre l'homme meilleur ? Mais non, une fatalité semble le pousser dans le précipice où, hier, il vit tomber celui qui le précédait. Il faut qu'il se soit égaré cent fois pour consentir à prendre la bonne voie; et, quand il la prend, souvent il n'est plus temps. Il laisse ses enfants dans le doute qui l'a perdu. Oui, mon cher Laurent, tout bien réfléchi, tout bien pesé, je soutiendrai à qui voudra m'entendre, et sauf la preuve du contraire, que la seule et véritable richesse d'un pays est dans la culture de son sol. Il faudrait plus de Cincinnatus et moins de commerçants. Je n'entends nullement par là porter atteinte au commerce; au contraire, si mes faibles lumières pouvaient lui être de quelque utilité, je n'hésiterais pas à me dévouer corps et âme.

LAURENT.

Qu'était donc ce Cincinnatus, duquel vous venez de prononcer le nom?

DUMONT.

C'était un de ces anciens Romains que le peuple, dans un pressant danger, vint trouver pour sauver la patrie. Il labourait quand la députation se présenta à lui. Lorsqu'il quitta sa charrue pour la dictature, il ne put s'empêcher de s'écrier : *Il faut donc que je perde la récolte de cette année!* Cependant, il se rend aux pressantes sollicitations qu'on lui fait; il harangue le peuple, met l'ennemi en fuite, sauve la patrie, puis dépose sa dictature et vient modestement continuer son sillon. Tu vois, il aima mieux abandonner les honneurs, les richesses, les dignités, que d'abandonner son champ.

J'ai un peu tergiversé. J'aborde maintenant mon sujet, concernant les réformes qui sont nécessaires pour le soulagement des classes pauvres; je ne veux t'en donner qu'un aperçu, sans entrer dans des détails qui demanderaient plusieurs volumes pour être à l'abri de toute réfutation.

Pour première réforme, je demanderais :

1° La plus grande diminution possible sur l'impôt foncier, impôt qui pèse principalement sur le cultivateur et nuit aux progrès de l'agriculture.

2° Que toutes les terres en friches (appelées *communaux*) soient cultivées et ensemencées selon la nature géologique de chaque terrain. Ceci serait du ressort des Sociétés d'agriculture de chaque département.

3° Dessèchement des marais et reboisement des montagnes.

4° Que le gouvernement créât dans l'école polytechnique une classe toute spéciale, destinée à former des *ingénieurs-agriculteurs*. Eux-mêmes seraient présidents de chaque société agricole.

5° Il faudrait que le gouvernement autorisât chaque ville et chef-lieu de canton, pouvant disposer de fonds nécessaires, à construire des *greniers de prévoyance,* en cas de mauvaise année. Pour le moment, on procurerait, dans toute la France, une masse imposante de travaux, où le manœuvre, le maçon, le charpentier, le menuisier, le serrurier, etc., trouveraient à s'occuper pour longtemps. Chaque année les greniers seraient remplis. Pour cela, il y aurait un intendant communal chargé de l'achat et de la vente des grains et de l'administration de chaque grenier. Les frais que nécessiterait cette gestion seraient facilement prélevés par un faible bénéfice sur la vente. Ainsi, dans une mauvaise année, le pauvre pourrait se présenter au grenier communal et avoir du blé à un prix très-modique et en aussi petite quantité qu'il le voudrait, n'ayant jamais de fortes sommes à sa disposition.

Par cette sage mesure, on écraserait cette vile bande désignée sous le nom d'*accapareurs*, ces tigres sans entrailles qui rançonnent la faim !

Je passe maintenant à une mesure que le gouvernement actuel, dans sa haute sagesse, devrait sérieusement examiner et adopter, si elle est, comme je n'en doute pas, reconnue d'une utilité générale.

Ce serait la création de *comptoirs d'emprunts* dans chaque chef-lieu de département. Des capitaux immenses seraient nécessaires, il est vrai, mais pour commencer il ne serait pas besoin de tant de numéraire. Ces comptoirs seraient ouverts aux cultivateurs, négociants, etc. A vue d'un certificat du bureau des hypothèques, ils contracteraient les emprunts dont ils auraient besoin, et à un taux qui ne dépasserait jamais le 5 p. %. De cette manière on ne serait plus forcé de passer par la main, ni des petits rentiers, ni des usuriers, ni des notaires, dont les taux respectifs varient entre 8 et 20 p. %, quelquefois au-delà.

Je sais que je vais froisser et blesser bien des opinions ; mais j'ai pour moi la satisfaction de vouloir le bien général, en cherchant à détruire un taux injuste et souvent imposé.

Une fois ces comptoirs établis, au nom même et sous les auspices du gouvernement, ils ne tarderaient pas à jouir de la confiance de tous les gros capitalistes. Ceux-ci auraient dans l'État une caution bien plus solide que dans un seul homme, lequel souvent finit par la banqueroute. Ce n'est pas que je prétende attaquer MM. les notaires ; loin de là. Il se trouve malheureusement parmi eux, comme dans toute profession, des honnêtes gens et des fripons.

Les détails d'administration générale des comptoirs d'emprunt demandant beaucoup plus d'étendue que ne le comporte une simple brochure, je les passerai sous silence. Je m'en rapporte entièrement à des lumières supérieures aux miennes pour en faire une juste application locale.

6° Maintenant que la république est établie, il faut que la devise sublime de *liberté, égalité, fraternité* soit une pour tous. C'est ce qui n'est pas.

Une exception déplorable existe : l'*égalité*, en fait de patente, est nulle.

Pourquoi MM. les avocats, les notaires, les huissiers, les médecins, etc., n'en paient-ils point? Il faut donc, s'il y a vraiment *égalité*, qu'ils en paient une.

7° Devraient être frappés d'un impôt :

1° Toute voiture de luxe à un ou deux chevaux.

Quant à celles des voyageurs, médecins, etc., qui servent en quelque sorte au travail, le gouvernement pourrait les frapper d'un impôt particulier.

2° Tout cheval de luxe.

3° Tout chien de luxe, de meute, de garde, etc.

4° Diminution de l'impôt sur le sel, si instamment demandée sous l'ancien gouvernement.

5° Outre l'abolition du mode de perception des contributions indirectes, déjà décrété, *diminution* du personnel trop nombreux de cette administration.

6° Enfin, devraient être soumis à un impôt tous les rentiers, quels qu'ils soient. On établirait un tarif pour les différentes classes dans lesquelles ils seraient rangés.

Voilà, mon cher Laurent, ce que je voudrais pour qu'il y eût plus d'*égalité* entre les citoyens. Quel mieux n'en résulterait-il pas?

Je me résume. Tu vois par l'entretien que nous venons d'avoir que, d'un côté, j'abats les usuriers, les accapareurs, par le comptoir d'emprunt et le grenier communal ou de prévoyance. Tout homme qui raisonne touche à cette vérité.

D'un autre côté, je cherche à conserver les revenus de la nation au chiffre où ils sont aujourd'hui ; car si, d'une part, je réclame en faveur de l'agriculture une diminution de l'impôt foncier, je veux, d'autre part, que celui qu'on mettra sur les voitures, chevaux, chiens, etc., fasse balance bien aisément.

Par le défrichement de toutes les terres incultes de France, on augmente de beaucoup les produits agricoles, et je puis affirmer qu'avant trois ans on amènerait le prix du pain à 0 f. 15 c. le kilogr. Quel soulagement pour les classes pauvres ! Tout ce que je demande là ne peut être taxé d'*utopie ;* tout est très-réalisable et en peu de temps. Quelques hommes, à la volonté ferme, suffisent pour donner ce *mieux* que je souhaite dans l'intérêt unique du malheureux.

Enfin, je pose la vérité suivante comme axiome : favoriser le commerce à l'exclusion de l'agriculture, c'est prendre une fausse route qu'on sera bientôt forcé de quitter ; car, de la souffrance de la plus grande partie de la population, naît l'impossibilité d'acheter. De l'impossibilité d'acheter, on en déduit logiquement celle de vendre ; de là, stagnation des affaires. Si, au contraire, on favorise l'agriculture, on rend le pays entier heureux. Chaque cultivateur, fermier, etc., voyant l'abondance dans sa maison, pourra disposer d'une somme proportionnée à sa fortune pour s'habiller, lui et les siens, plus convenablement ; ce qu'il ne fait pas dans les mauvaises années. De cette manière les achats se feront sans interruption. Partant de là, *vente, écoulement,* plein essor de la *fabrication,* prospérité du *fabricant* et de l'ouvrier ; plus de *misère* pour celui-ci, mais une honnête existence assurée par le *travail,* lui-même *assuré.* Je terminerai donc en empruntant ces mots à Pascal : *Si les hommes sont capables de quelques vérités,* ils doivent l'être de celle-là.

LAURENT.

Patron, je voudrais que tous les hommes fussent animés de vos sentiments ; ce serait un grand bien pour nous, pauvres ouvriers, pour les classes malheureuses, en un mot, pour tout notre beau pays. Puisse tout ce que vous venez de me dire être pris en considération par les généreux représentants de la nation, afin que nous puissions jouir amplement des bienfaits de la liberté.

VIVE LA RÉPUBLIQUE !

P. ROBERT.